Für Shania und Shaian
und für Myriam und Jonathan

Monika Berdan 1967 in Bern geboren, studierte Zeichenlehrerin an der Hochschule für Gestaltung und Kunst in Luzern, unterrichtete für kurze Zeit und studierte dann Illustration bei Jiří Šalamoun an der Akademie für angewandte Kunst in Prag. Sie lebt in Bern und arbeitet als Korrektorin und Illustratorin.

Bettina Wegenast geboren 1963 in Bern, wo sie heute noch mit ihrer Familie lebt. Erst Lehrerin, dann Inhaberin eines Comicladens, heute schreibt sie vorwiegend für die Bereiche Theater und Kinderbuch. Für ihr Stück «Wolf sein» hat sie 2003 den Münchner Dramatikerförderpreis gewonnen.

Bibliografische Information der Deutschen Bibliothek
Die Deutsche Bibliothek verzeichnet diese Publikation in der
Deutschen Nationalbibliografie; detaillierte bibliografische
Daten sind im Internet abrufbar über http://dnb.ddb.de

Monika Berdan
Bettina Wegenast
So ein Theater!
Copyright © 2004 by Atlantis,
an imprint of Orell Füssli Verlag AG, Zürich, Switzerland, www.ofv.ch
Alle Rechte vorbehalten.
Lektorat: Gerda Wurzenberger, Zürich
Buchgestaltung: holenstein & holenstein, Zürich
Lithos: Photolitho AG, Gossau
Druck: J.P. Himmer GmbH & Co. KG, Augsburg
ISBN 3-7152-0489-3

1. Auflage 2004

So ein Theater!

Mit den Brunnenkindern kreuz und quer durch Bern

Bettina Wegenast
Monika Berdan

atlantis

Ganz früh am Morgen auf dem Chindlifrässerbrunnen:
«Ich will nicht schon wieder gefressen werden!»
«Aber du bist heute dran!»
«Gar nicht wahr!»
«Doch!»
«Stimmt nicht!»
«Stimmt doch! Du bist dran!»
Nun mischen sich auch die andern Kinder ein:
«Du bist dran, du bist dran!»
«Ihr seid alle blöd! Ich hau jetzt ab!»
«Traust du dich nicht!»
«Und ob ich mich trau!»

**8 Brunnenkinder streiten früh am Morgen schon,
eines springt ganz schnell herab und rennt einfach davon.**

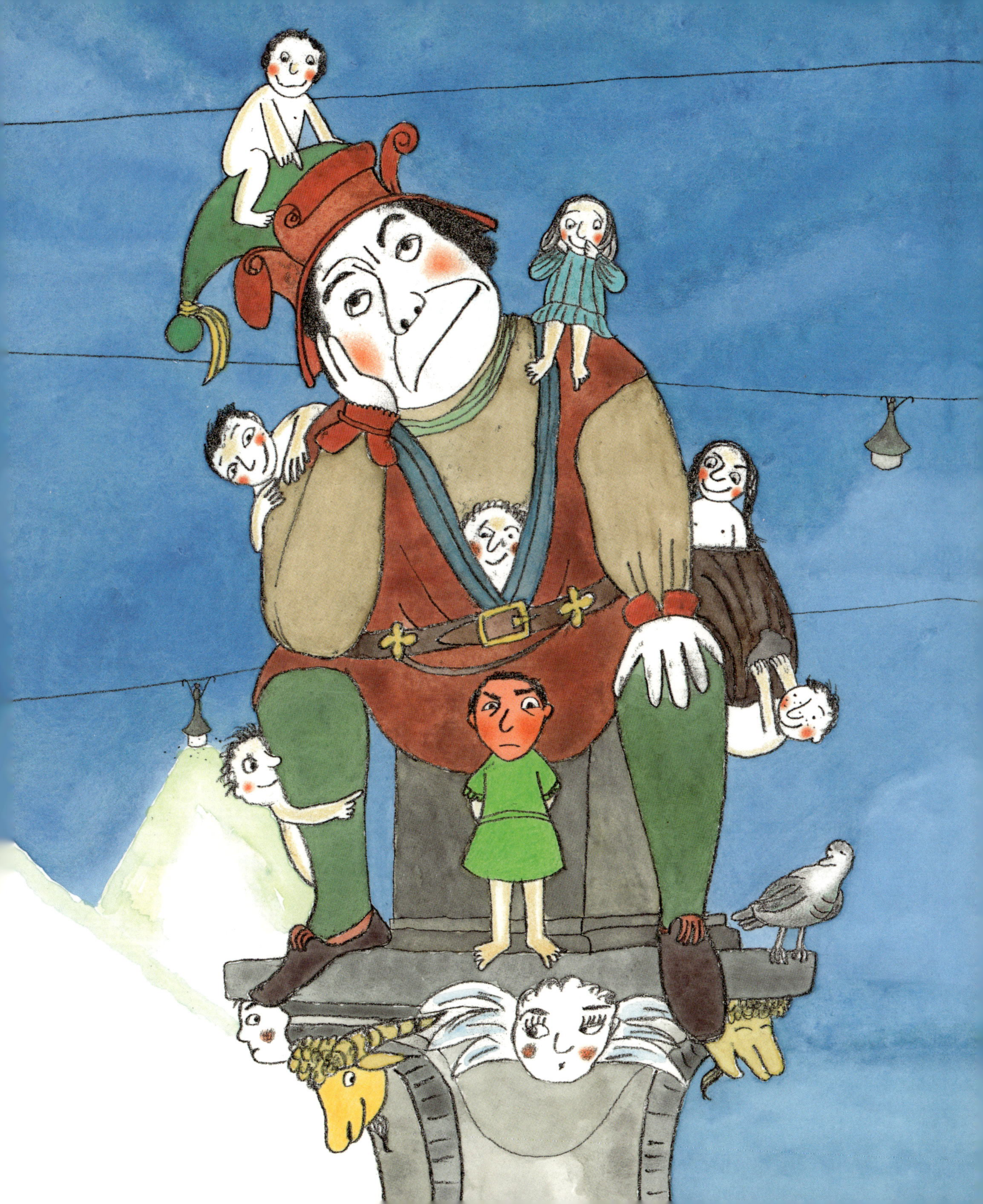

«He! Was soll das! Komm zurück!»
«Warte nur, dich kriegen wir!»
«Was ist das wieder für ein Theater!»,
brummt der Chindlifrässer.

**7 Brunnenkinder rennen alle hinterher,
aufgepasst, hier hat es nämlich immer viel Verkehr!**

PHARMACIE
Zytglogge
10 Köniz Schliern
9 Wabern
BERNMOBIL
Zytglogge
9 10

«Dong, Dong.»
«Dort oben auf dem Turm, das ist Hans von Thann; er schlägt die Glocke schon seit fast 500 Jahren!», erklärt die Fremdenführerin.
«Seht nur, ein Hahn, dort, neben der Uhr!»
«Ein tolles Schauspiel!»

7 Brunnenkinder seh'n, wie sich der Reigen dreht, eines will von nahem hör'n, was der Gockel kräht.

Bärn mon amour!

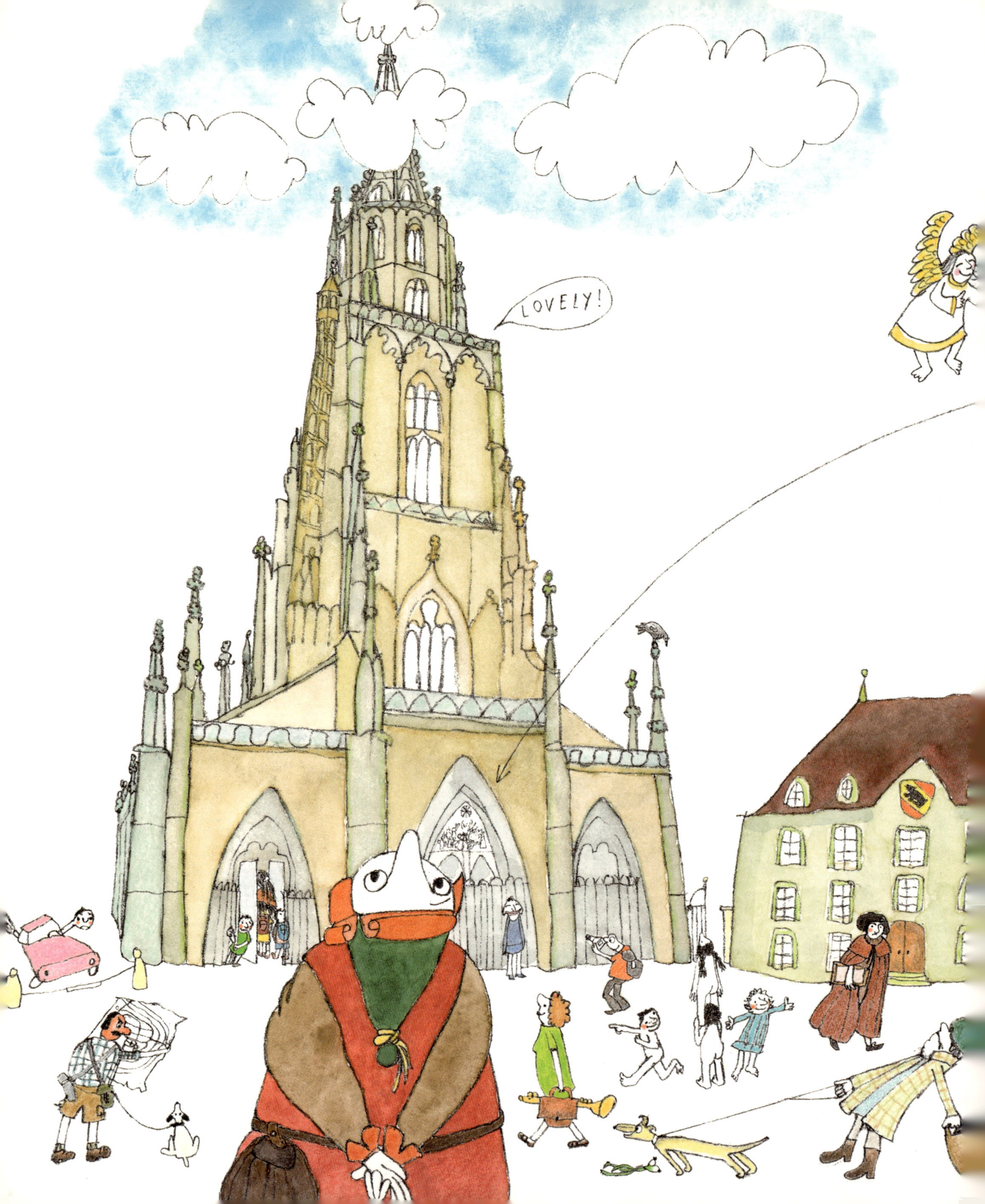
LOVELY!

«Wollen wir da wirklich hinaufsteigen?»
«Klar!»
«Aber das ist doch schrecklich hoch!»
«Ja! Dann sieht man über die ganze Stadt!»
«Wie viele Stufen das wohl sind?»

**6 Brunnenkinder steigen tapfer Tritt für Tritt,
eins tanzt mit dem Teufel, und die Engel tanzen mit.**

«Schaut mal die Bären... die sind aber gross!»
«Ja, viel grösser als die bei uns am Brunnen!»
«Es gibt aber auch kleinere!»
«Sind das Zwergbären?»
«Nein! Das sind doch die Jungen!»
«Und man kann sie füttern! Früchte mögen sie am liebsten!»

5 Brunnenkinder stehen um den Bärengraben, eins versteckt sich mittendrin, möcht seine Ruhe haben.

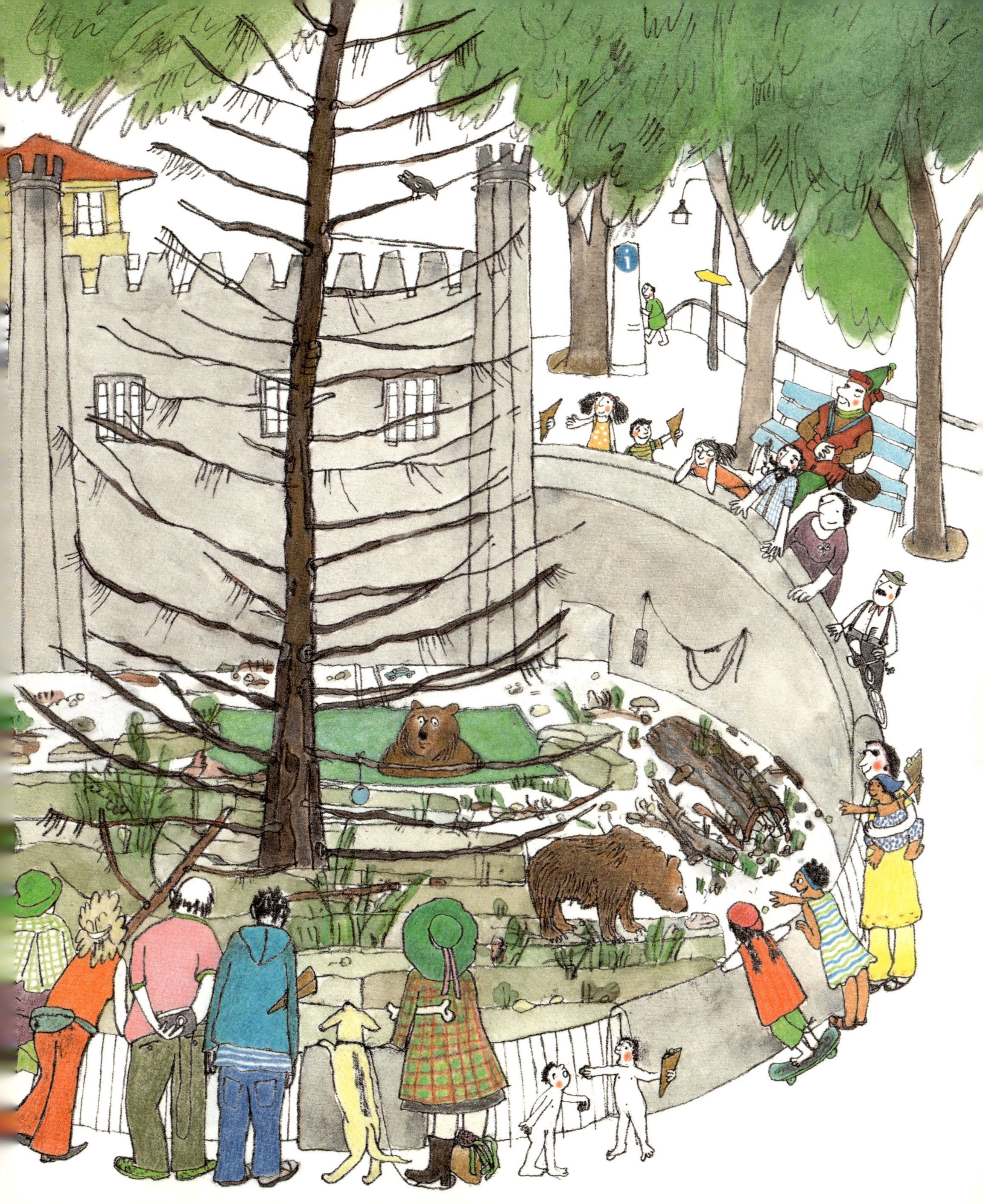

«Wohin seid ihr plötzlich alle verschwunden?»
«Hier bin ich!»
«Ich bin hier!»
«Ich nicht, ich bin dort!»
«Such uns doch!»

**4 Brunnenkinder haben sich im Wald versteckt,
eines steigt ins Krähennest und wird dort nicht entdeckt.**

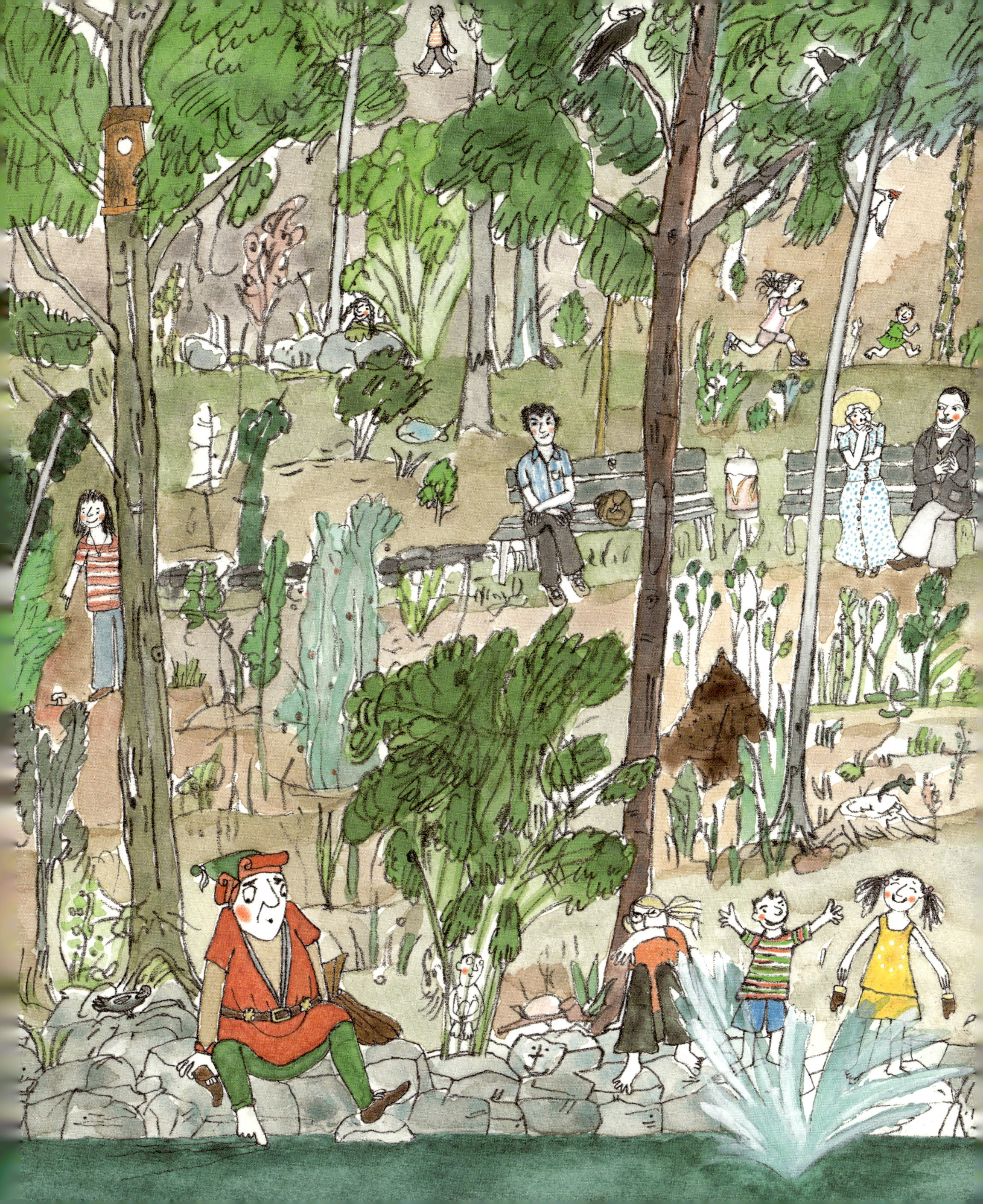

«Wenn ich hineinspucke, dann schwimmt
meine Spucke bis ins Meer!»
«Da schwimmen ja Leute in der Aare!»
«Ob die auch bis zum Meer schwimmen?»

**3 Brunnenkinder spucken runter von der Brück',
eins geht zu den Ziegen hin und bleibt allein zurück.**

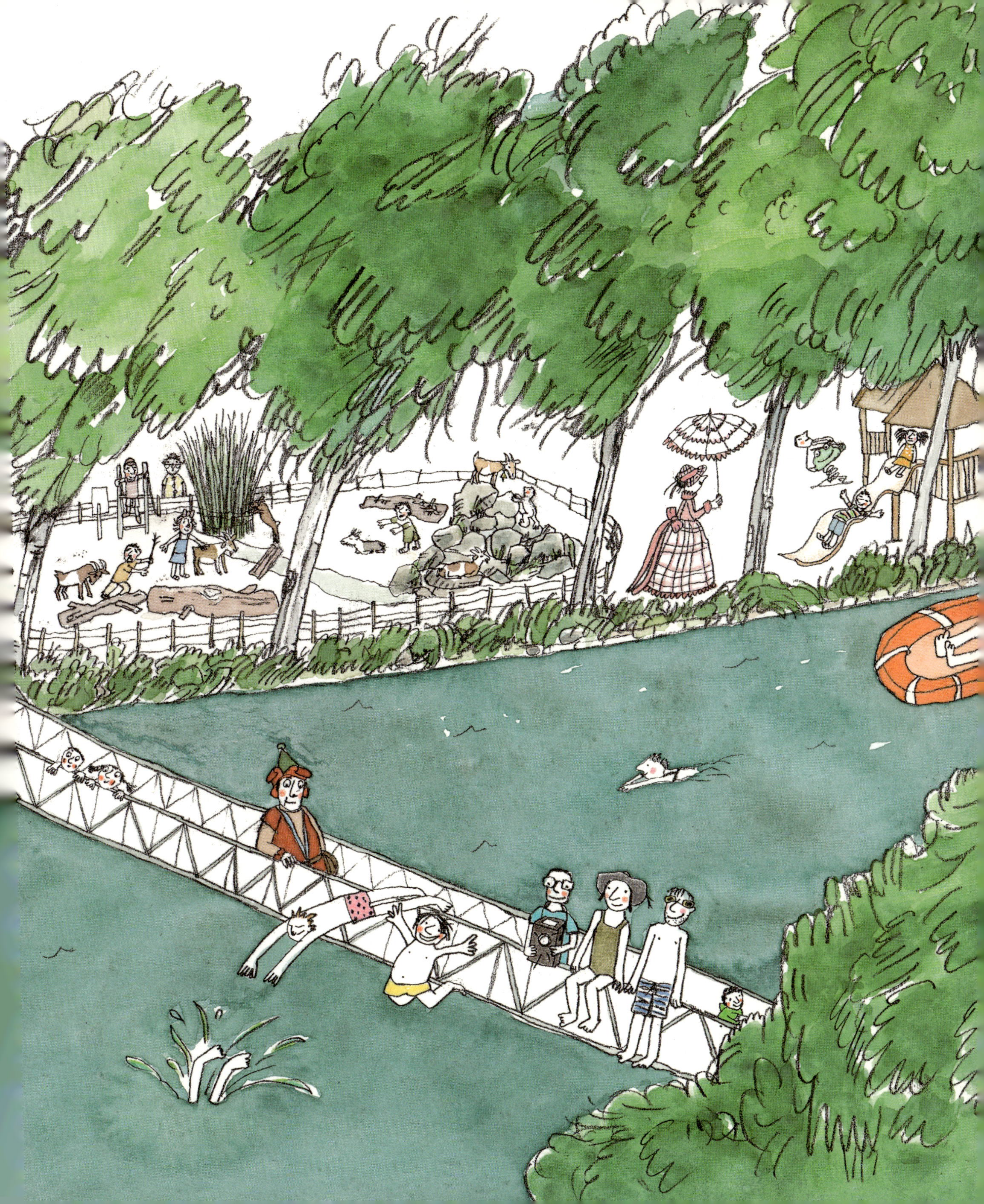

«Ist das das Stadttheater?», fragt ein Mann.
«Manchmal schon!», lacht eine Frau.
«Dann ist das also das Bundeshaus?
Da, wo die Regierung auftritt?!»
«Ganz genau!»

**2 Brunnenkinder fahren mit der roten Bahn,
eines läuft zu Fuss hinauf und kommt doch früher an.**

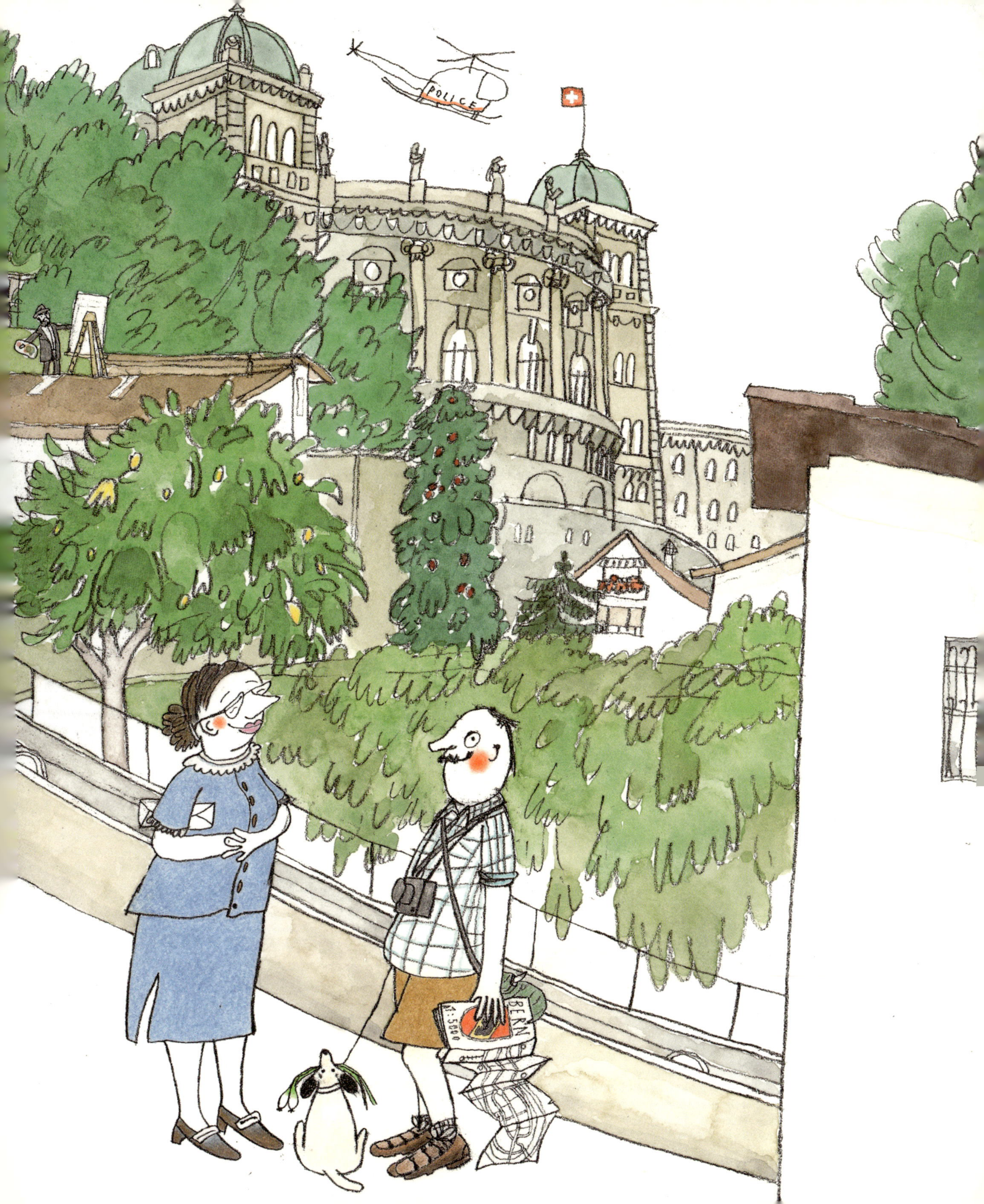
POLICE
1:5000
BERN

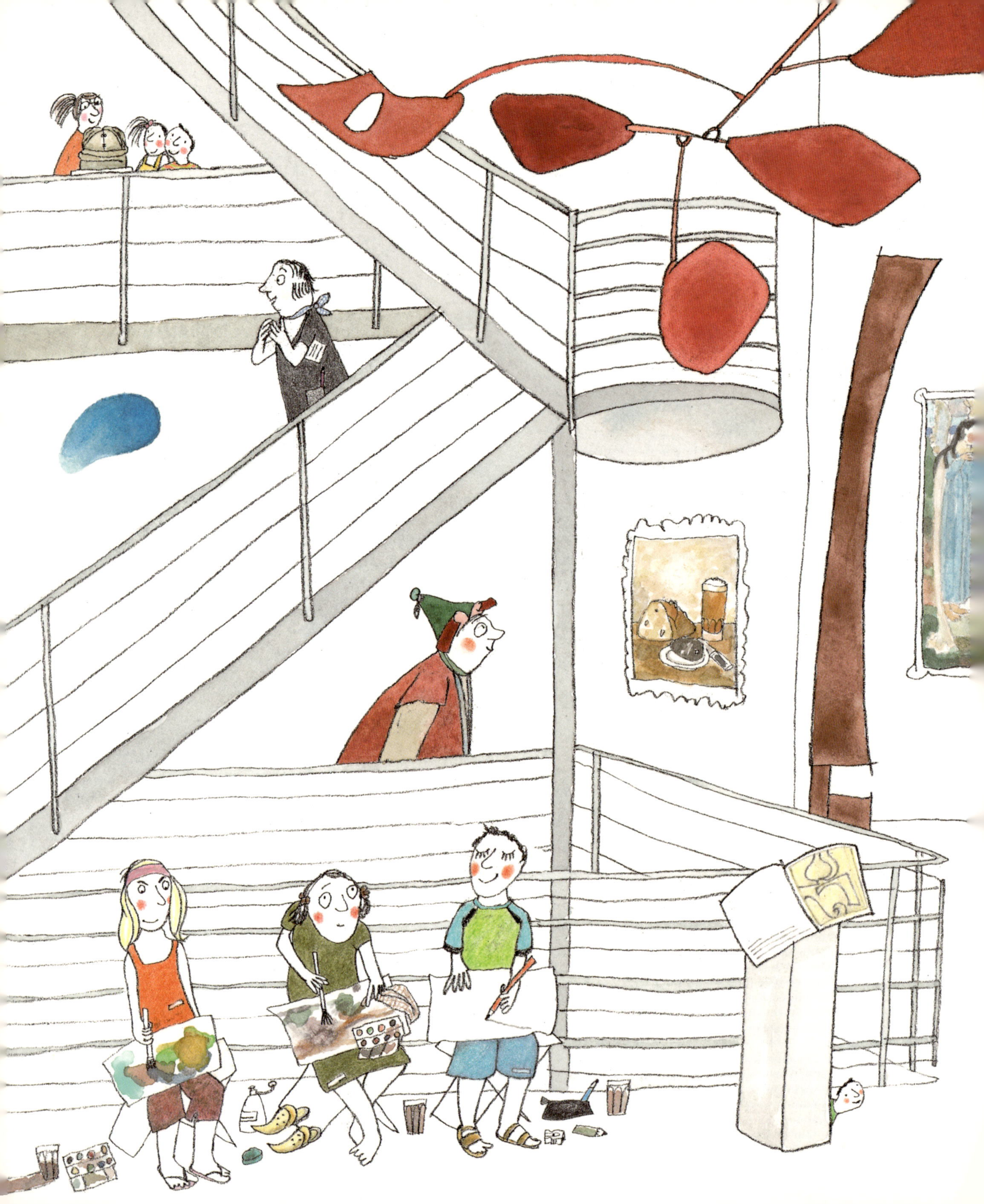

«Die vielen schönen Bilder!
Ich möchte auch gerne malen!
Ich probiers einfach aus!»

**1 Brunnenkind allein sieht sich die Bilder an,
mit dem Pinsel malt es selber an die Wand was dran.**

«Ah! Da bist du ja! Vor dem Theater!!
Nun, das passt ja ganz gut…»

«Liebe Taube, flieg los und sag allen Brunnenkindern Bescheid!
Sie sollen herkommen! Die Vorstellung fängt bald an!»

AHA
BERNER BRUNNEN
Kindererziehung gestern und heute
KINDER BRAUCHEN GRENZE

«So – sind alle wieder da?
Alle acht gesund und munter...?
Na, Gott sei Dank! Und?
Habt ihr Spass gehabt, heute?»
«Und wie! Ich habe mit dem Hahn
um die Wette gekräht!»
«Ich hab mit dem Teufel getanzt!»
«Ich hab geschlafen wie ein Bär!»
«Ich hab gesehen, wo die Krähen wohnen!»
«Ich bin geklettert wie eine Ziege!»
«Ich war schneller als die Bahn!»
«Ich bin ein Künstler!»
«Und mich hat keiner gefunden!»

Alle acht Brunnenkinder und der Chindlifrässer
gehen ins Theater. Das Stück handelt von einer
zerbrochenen Brunnenfigur.

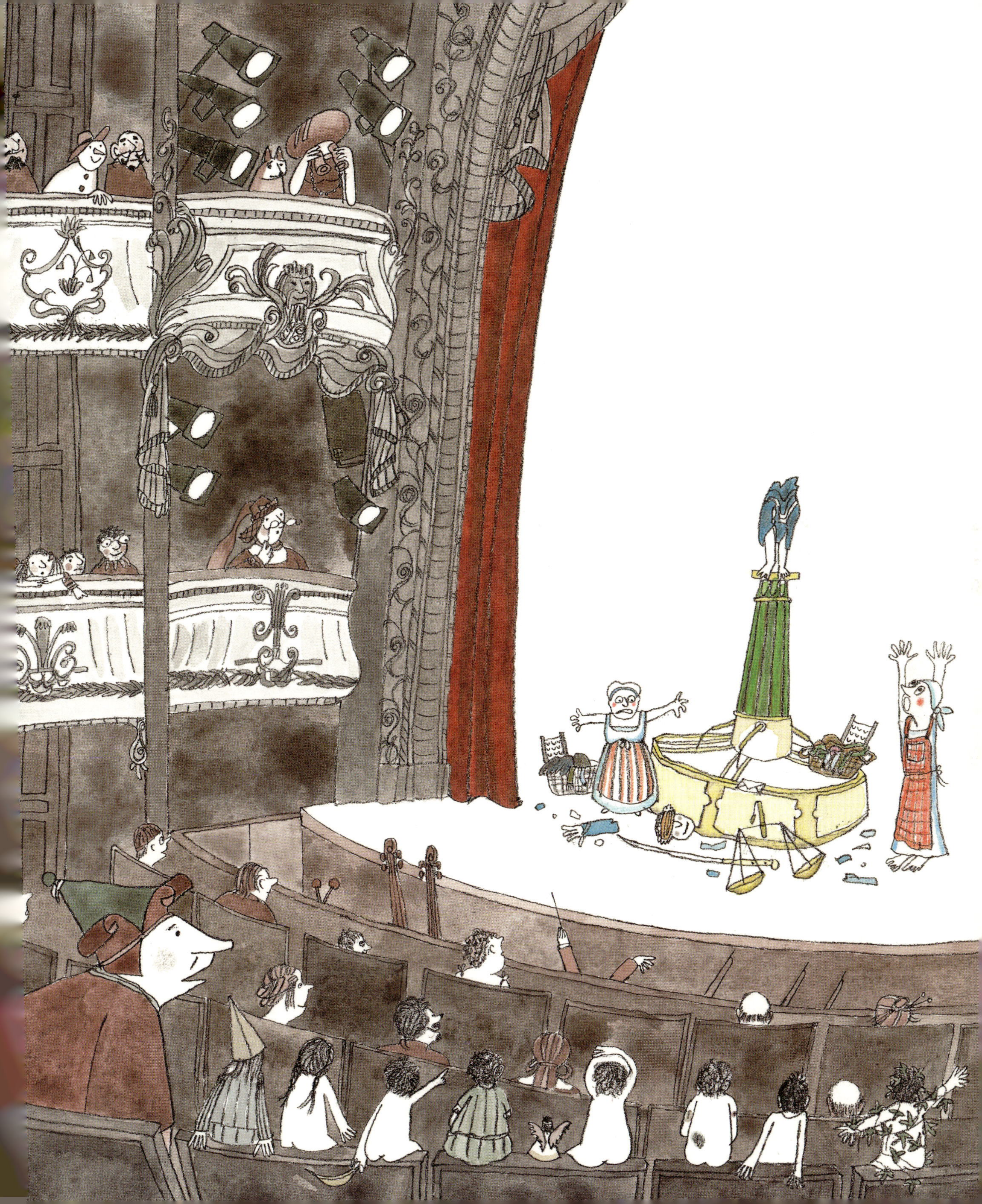

«Das war aber eine traurige Geschichte.»
«Ich habe am Ende ein bisschen geweint.»
«Zum Glück war es nur ein Theaterstück!»

«So! Aus die Maus! Ab auf den Brunnen mit euch!
Es ist schon spät! Wer wird morgen gefressen?»
«Ich nicht.»
«Ich war schon vorgestern dran!»
«Mir wirds immer schlecht, da oben…!»
«Ich bin zu müde!»
«Ich auch!»
«Jetzt wird sowieso geschlafen», sagt der Chindlifrässer streng.
«Morgen sehen wir weiter!»

**8 Brunnenkinder träumen diese Nacht sehr viel,
eines muss gefressen werden, denn so geht das Spiel.**

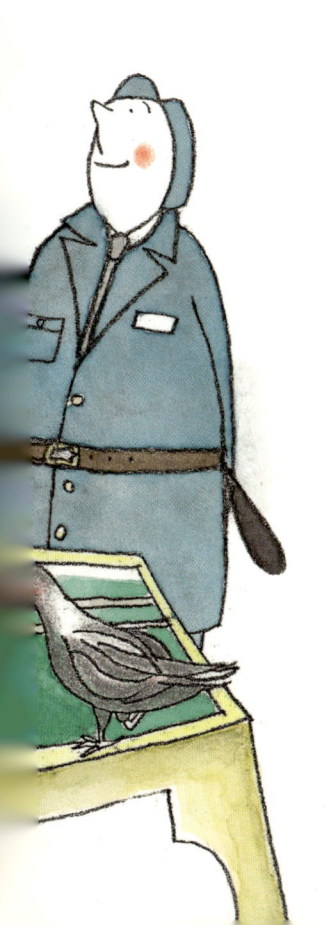